3 Raisons Universelles et Bibliques Nous Interdisant de Jurer

Jean François DUJOUR

TABLE DE CONTENUS

C'est intéressant de savoir qu'une personne ne se compose pas seulement du physique, mais aussi du spirituel, du mental et de l'émotionnel. C'est aussi une façon de dire qu'on ne peut pas totalement connaître une personne en ayant simplement une connaissance superficielle ou même parcellaire. Cette vision de la personne est souvent distincte, parfaite ou imparfaite, mais il suffit d'approfondir cette connaissance en s'offrant des moments pour expérimenter les aspects non explorés de cette personne. Quand on donne à quelqu'un l'occasion de s'exprimer, il n'y a rien de plus révélateur.

Chaque fois que vous parlez, vous donnez à d'autres la chance de mieux vous connaître que si quelqu'un d'autre vous introduisait. Ce qu'on dit de vous est faible, illusoire, abstrait et découle souvent d'une vague opinion. C'est pourquoi il est important de répondre par soi-même, car votre réponse sera souvent la plus claire, la plus conceptuelle et la plus authentique de toutes les opinions. C'est aussi la raison pour laquelle on fait des entrevues d'embauche; votre curriculum vitae dit quelque chose qui pousse les recruteurs à vous appeler pour le poste. Votre apparence suggère que vous pourriez être un excellent candidat. Mais tout le monde est surpris si vous n'obtenez pas le poste. Vous avez probablement dit quelque chose qui vous a disqualifié(e). Tout ce qu'on avait pensé de vous, avec vos expériences, vos diplômes, est jeté aux oubliettes. Vous vous demandez: "Qu'est-ce que j'ai dit de travers?"

Vous avez peut-être dit beaucoup de choses en dix minutes, suffisamment pour vous nuire. Une foule hurlait que Jésus-Christ était le Roi des Juifs. Jésus admettait qu'il était en fait le Roi des Juifs devant Hérode. Cela lui a valu la peine de mort. Nos mots déterminent souvent la perception des autres. Nous n'en discutons pas actuellement.

Les paroles sont connues comme porteuses d'énergie. Une parole prononcée peut mettre un sourire aux lèvres ou une ride au front. Et cette même parole peut produire les deux effets en même temps sur deux personnes ou deux groupes différents. Vos paroles peuvent vous sauver ou vous trahir. La parole a toujours été plus puissante que nos actions. Il est crucial de bien réfléchir à ce que l'on dit; en d'autres termes, il vaut la peine de bien choisir les mots que nous prononçons.

Vous qui lisez ces mots, vous avez été choisi(e) pour lire et utiliser le contenu de ce livre pour transformer le cours de votre vie. Car en choisissant vos mots, vous choisissez la vie ou la mort, la réussite ou l'échec, la guerre ou la paix, et vous choisissez de construire ou de détruire. Vous apprendrez également que vous pouvez construire votre vie en fonction de ce qui sort de votre bouche. Si cela est vrai, l'inverse l'est aussi. Vos mots ont des impacts de très longue durée. Que ces impacts soient positifs ou négatifs, ils proviennent de ce que votre langue projette.

Introduction

Le langage est un outil puissant qui façonne nos pensées, nos actions et nos interactions avec les autres. Parmi les nombreuses façons dont nous utilisons le langage, le fait de jurer se distingue par son potentiel à causer du tort, à exprimer de la colère ou à manifester un manque de respect. Ce livre a pour objectif d'explorer les raisons pour lesquelles il est découragé de jurer tant sur le plan universel que biblique. En examinant les principes de respect et de dignité, le pouvoir des mots dans la formation de la réalité et les enseignements bibliques sur le langage, nous découvrirons l'impact profond de nos paroles et pourquoi il est important d'éviter de jurer.

Les mots que nous choisissons d'utiliser peuvent avoir une influence significative sur nos vies et celles des personnes qui nous entourent. Le fait de jurer, en particulier, est un sujet de débat depuis des siècles, souvent considéré comme un reflet du caractère de chacun et un baromètre des normes sociales. Il est crucial de comprendre les effets du fait de jurer sur les individus et la société:

1. Impact sur les relations interpersonnelles: Jurer peut créer des barrières, favoriser des émotions négatives et nuire à la confiance. Cela conduit souvent à des malentendus et des conflits, perturbant l'harmonie dans les relations personnelles et professionnelles.

2. Effets psychologiques: L'utilisation de langage négatif peut renforcer des schémas de pensée nuisibles, contribuant au stress, à l'anxiété et à une faible estime de soi. En revanche, un langage positif et respectueux peut promouvoir le bien-être mental et le respect de soi.

3. Implications culturelles et sociales: Le langage reflète et façonne les valeurs culturelles. Jurer peut perpétuer une culture de manque de respect et d'agression, tandis qu'un discours réfléchi peut cultiver un environnement de respect mutuel et de compréhension.

En explorant ces aspects, nous visons à fournir une compréhension complète des raisons pour lesquelles le fait de jurer est nuisible et comment choisir nos mots avec soin peut mener à une société plus positive et respectueuse.

Ce livre est divisé en trois sections principales, chacune abordant une raison différente pour laquelle il est déconseillé de jurer, tant sur le plan universel que biblique.

1. Le principe universel de respect et de dignité: - Cette section examine comment jurer affecte notre respect pour les autres et pour nous-mêmes. Elle explore les perspectives historiques sur le discours poli et le rôle du langage dans le maintien de l'harmonie sociale à travers différentes cultures.

2. Le pouvoir des mots dans la formation de la réalité: - Ici, nous nous penchons sur le pouvoir créatif du langage, montrant comment les mots façonnent les pensées et les actions. Cette section inclut des études de cas sur l'impact du discours positif et négatif, mettant en lumière les dynamiques psychologiques et sociales influencées par nos choix de mots.

3. Enseignements bibliques sur le langage: - Cette section se concentre sur les enseignements scripturaires concernant l'utilisation du langage. Nous analysons des écritures clés de l'Ancien et du Nouveau Testament, fournissant des perspectives théologiques et des applications pratiques pour la vie moderne basées sur les principes bibliques.

À la fin de ce livre, les lecteurs auront une compréhension plus profonde de l'impact profond de leurs paroles. Ils seront équipés de la connaissance et de la motivation pour choisir leurs mots avec sagesse, favorisant une culture de respect et de positivité dans leurs vies personnelles et communautaires.

Chapitre 1   Le principe universel de respect et de dignité

1. Respect pour les autres

Jurer comme forme de manque de respect

Jurer est souvent perçu comme une forme flagrante de manque de respect. Les mots que nous choisissons d'utiliser véhiculent nos attitudes et nos émotions, et jurer communique typiquement la colère, la frustration ou le mépris. Lorsqu'ils sont dirigés vers les autres, les jurons peuvent être blessants et offensants, sapant la dignité et la valeur des personnes impliquées. Cette forme d'agression verbale peut endommager les relations et créer un environnement hostile, que ce soit dans les interactions personnelles, les lieux de travail ou les espaces publics.

Jurer peut être considéré comme un acte de violence verbale, reflétant un manque de considération pour les sentiments et les perspectives des autres. Cela peut escalader les conflits et créer des barrières à une communication efficace. En essence, jurer ne manque pas seulement de respect à la personne à qui il est adressé, mais dégrade également la qualité globale de l'interaction, érodant la base du respect et de la compréhension mutuels.

L'impact du langage sur les relations interpersonnelles

Le langage est un outil fondamental dans la construction et le maintien des relations interpersonnelles. Une communication positive et respectueuse favorise la confiance, la compréhension et la coopération, tandis qu'un langage négatif et irrespectueux peut conduire à des malentendus, des conflits et une détresse émotionnelle. Jurer, en tant que forme de langage négatif, peut avoir plusieurs effets néfastes sur les relations:

1. Érosion de la confiance: La confiance est la pierre angulaire de toute relation saine. Jurer peut créer un environnement d'incertitude et de peur, rendant difficile pour les individus de se sentir en sécurité et valorisés. Lorsque les gens utilisent un langage dur ou offensant, cela peut signaler un manque de considération pour les sentiments et le bien-être de l'autre personne, conduisant à une rupture de la confiance.

2. Augmentation des conflits: Jurer peut intensifier les tensions et provoquer des réactions agressives. Dans les moments de chaleur, l'utilisation de jurons peut intensifier les arguments et entraver la résolution des conflits. Ce cycle d'agression verbale peut perpétuer un environnement toxique, rendant difficile la résolution des différences de manière amicale.

3. Diminution de l'estime de soi: Être la cible de jurons peut être démoralisant et déshumanisant. Cela peut affecter l'estime de soi et le sentiment de valeur de l'individu, menant à des sentiments d'inadéquation et de rejet. Cet impact négatif sur la santé mentale peut avoir des conséquences à long terme, affectant le bien-être global et la capacité à former des relations saines.

4. Entrave à une communication efficace: Une communication claire et respectueuse est essentielle à la compréhension et à la collaboration. Jurer peut créer du bruit et des distractions dans les conversations, détournant l'attention des véritables problèmes à résoudre. Cela peut empêcher le dialogue constructif et entraver les efforts de résolution de problèmes.

"Perspectives historiques sur le discours poli"

À travers l'histoire, les sociétés ont reconnu l'importance du discours poli dans le maintien de l'harmonie sociale et de l'ordre. L'utilisation d'un langage respectueux a été une pierre angulaire du comportement civilisé, reflétant des valeurs culturelles et des normes sociales. Les perspectives historiques sur le discours poli offrent des aperçus précieux sur les raisons pour lesquelles il est généralement déconseillé de jurer:

1. Civilisations anciennes: Dans la Grèce et la Rome antiques, la rhétorique et l'éloquence étaient très appréciées. La capacité à parler avec grâce et respect était considérée comme un signe d'éducation et de sophistication. Jurer et utiliser un langage vulgaire étaient mal vus, car ils étaient censés refléter mal sur le caractère et l'éducation de la personne.

2. Enseignements religieux: De nombreuses traditions religieuses ont souligné l'importance d'un discours respectueux. Par exemple, dans les enseignements judéo-chrétiens, les Dix Commandements incluent une admonition contre le fait de prendre le nom du Seigneur en vain, soulignant le caractère sacré du langage. De même, d'autres textes religieux prônent l'utilisation de mots gentils et considérés.

3. Époque victorienne: Pendant l'ère victorienne, l'étiquette et les manières étaient primordiales. Le discours poli était considéré comme essentiel au maintien du décorum social. Jurer était vu comme une violation de l'étiquette, indicative de mauvaises manières et d'un manque de maîtrise de soi. Cette période a renforcé l'idée que le langage devait être utilisé pour élever et non pour dégrader.

4. Société moderne: De nos jours, les principes du langage respectueux continuent d'être maintenus dans divers contextes. Les milieux professionnels, les établissements éducatifs et le discours public promeuvent souvent l'utilisation d'un langage courtois et inclusif. Jurer, en particulier dans des environnements formels, est généralement considéré comme inapproprié et non professionnel.

Ces perspectives historiques soulignent la valeur intemporelle accordée au langage respectueux. Jurer, en revanche, a constamment été considéré comme contraire aux idéaux de dignité et de respect. Comprendre ce contexte nous aide à apprécier pourquoi éviter de jurer n'est pas simplement une question de préférence personnelle, mais un reflet de valeurs culturelles et sociales durables.

Le principe universel de respect et de dignité appelle à une communication réfléchie et respectueuse. Jurer sape ce principe, affectant négativement nos relations et nos interactions sociales. En choisissant nos mots avec soin et en évitant un langage offensant, nous pouvons contribuer à une société plus respectueuse et harmonieuse.

2. Respect de soi

L'effet du langage sur la perception de soi

Le langage n'est pas seulement un outil de communication mais aussi un miroir reflétant nos pensées et croyances internes. Les mots que nous utilisons, qu'ils soient prononcés à haute voix ou pensés intérieurement, façonnent notre perception de nous-mêmes et influencent la manière dont nous nous voyons. Un langage positif et affirmatif peut renforcer l'estime de soi et la confiance, tandis qu'un langage négatif et dévalorisant peut éroder notre sentiment de valeur.

Lorsque nous pratiquons l'autosuggestion positive, nous renforçons une image de soi saine. Par exemple, se dire "Je peux relever ce défi" ou "Je mérite le respect" favorise un état d'esprit de capacité et d'assurance. À l'inverse, utiliser un langage négatif, tel que jurer ou se déprécier, peut créer une prophétie autoréalisatrice d'inadéquation et d'échec. Des phrases comme "Je suis un idiot" ou "Je ne peux rien faire correctement" non seulement sapent notre confiance mais renforcent également une image négative de soi.

L'impact du langage sur la perception de soi est profond. Il façonne notre discours intérieur, qui à son tour influence notre comportement et nos interactions avec le monde. En étant conscient du langage que nous utilisons, en particulier en ce qui concerne l'autosuggestion, nous pouvons cultiver une image de soi plus positive et épanouissante.

Comment jurer peut refléter et renforcer une image négative de soi

Jurer, souvent caractérisé par un langage dur et agressif, peut être le reflet de notre tourmente intérieure et de notre perception de soi négative. Lorsque nous recourons à jurer, cela peut indiquer un manque de maîtrise de soi et une incapacité à exprimer nos émotions de manière constructive. Cela, à son tour, peut renforcer une image négative de soi et perpétuer un cycle de négativité.

1. Expression de la frustration et de la colère : - Jurer est fréquemment utilisé comme un exutoire à la frustration et à la colère. Bien que cela puisse offrir un soulagement temporaire, cela nous laisse souvent un sentiment pire à long terme. Cette forme d'expression n'aborde pas la cause profonde de nos émotions et peut conduire à un sentiment d'impuissance et d'inadéquation.

2. Autodépréciation: - Jurer peut également se manifester sous forme de remarques autodépréciatives. Lorsque nous utilisons un langage dur contre nous-mêmes, cela renforce des sentiments de faible estime de soi et d'incompétence. Par exemple, dire "Je suis un perdant" ou "Je ne peux pas croire à quel point je suis stupide" ne fait pas que nous dévaloriser à l'instant, mais laisse également une impression durable sur notre concept de soi.

3. Impact sur la santé mentale: - L'utilisation constante d'un langage négatif, y compris jurer, peut avoir des effets néfastes sur la santé mentale. Cela peut contribuer au stress, à l'anxiété et à la dépression. En internalisant un langage dur, nous créons un environnement intérieur hostile, rendant difficile le développement de la compassion envers soi-même et de la résilience.

4. Obstacle à la croissance personnelle: - Jurer peut agir comme un obstacle à la croissance personnelle et à l'amélioration de soi. Lorsque nous nous étiquetons avec des termes négatifs, nous limitons notre potentiel et entravons notre capacité à développer des habitudes et des comportements positifs. Le changement positif nécessite un discours intérieur de soutien et d'encouragement, incompatible avec la nature destructrice de jurer.

5. Réflexion du conflit intérieur:- L'utilisation de jurons peut refléter un conflit intérieur non résolu et une insatisfaction. Cela peut signaler une déconnexion entre nos valeurs et nos actions, créant une discorde intérieure. Aborder les causes profondes de ce conflit par un langage positif et une autosuggestion constructive peut conduire à une plus grande cohérence intérieure et à la paix intérieure.

Pour briser le cycle de négativité renforcé par jurer, il est essentiel de cultiver une habitude de langage positif et respectueux, tant envers les autres qu'envers soi-même. Voici quelques stratégies pour promouvoir le respect de soi par un langage réfléchi :

1. Affirmations positives: Pratiquez régulièrement des affirmations positives pour renforcer une image de soi saine. Des déclarations comme "Je suis capable", "Je mérite l'amour et le respect", et "Je peux surmonter les défis" peuvent transformer votre discours intérieur et renforcer l'estime de soi.

2. Langage réfléchi : Soyez conscient des mots que vous utilisez, en particulier dans les moments de frustration ou de colère. Au lieu de jurer, essayez d'articuler vos émotions de manière constructive. Par exemple, dites "Je me sens vraiment frustré en ce moment" au lieu d'utiliser un langage dur.

3. Compassion envers soi-même: Traitez-vous avec la même gentillesse et le même respect que vous offririez à un ami. Évitez les remarques autodépréciatives et pratiquez la compassion envers soi-même. Reconnaissez vos efforts et vos progrès, et pardonnez-vous vos erreurs.

4. Réflexion et recadrage : Réfléchissez au langage que vous utilisez et à son impact sur votre perception de soi. Recadrez les déclarations négatives en déclarations positives. Par exemple, changez "Je ne peux pas faire ça" en "Je travaille à améliorer cette compétence".

5. Chercher du soutien : Si l'autosuggestion négative et le fait de jurer sont des problèmes persistants, envisagez de chercher du soutien auprès d'un thérapeute ou d'un conseiller. Une orientation professionnelle peut vous aider à développer des mécanismes d'adaptation plus sains et à améliorer votre estime de soi.

Le langage que nous utilisons affecte profondément notre perception de soi et notre bien-être général. Jurer, en tant que forme de langage négatif, peut refléter et renforcer une image négative de soi, créant un cycle de doute de soi et de mécontentement. En adoptant un langage positif et respectueux, nous pouvons favoriser le respect de soi, améliorer notre santé mentale et ouvrir la voie à la croissance personnelle et à l'épanouissement.

3. Normes culturelles et étiquette

Le rôle du langage dans le maintien de l'harmonie sociale

Le langage est un composant fondamental de la culture, servant de véhicule pour exprimer les pensées, les émotions et les valeurs. Il joue un rôle crucial dans le maintien de l'harmonie sociale en facilitant une communication claire, en construisant des relations et en promouvant le respect mutuel. Un langage poli et respectueux est essentiel pour favoriser un environnement où les individus se sentent valorisés et compris.

1. Construire la confiance et la coopération: - Un langage poli aide à construire la confiance et la coopération entre les individus. Lorsque les gens utilisent un langage courtois et respectueux, cela signale une volonté d'engager positivement et de manière constructive. Cela favorise un sentiment de communauté et de collaboration, essentiel à l'harmonie sociale.

2. Réduire les conflits : - Un langage respectueux peut aider à désamorcer les conflits potentiels et les malentendus. En choisissant soigneusement les mots et en s'exprimant de manière non conflictuelle, les individus peuvent naviguer dans les désaccords et résoudre les problèmes de manière amicale. Cela réduit la probabilité de disputes et favorise une coexistence pacifique.

3. Renforcer les normes sociales: - Le langage reflète et renforce les normes et valeurs sociales. Un discours poli est souvent associé aux bonnes manières et à une conduite appropriée. Se conformer à ces normes aide les individus à s'intégrer dans leurs communautés et à adhérer aux standards de comportement partagés, maintenant ainsi l'ordre social.

4. Créer des environnements inclusifs: - Un langage respectueux favorise l'inclusivité et garantit que chacun se sente bienvenu et valorisé. Il évite d'aliéner ou d'offenser les autres, favorisant ainsi un sentiment d'appartenance et d'égalité. Un langage inclusif reconnaît et respecte la diversité des expériences et des perspectives au sein d'une communauté.

Perspectives interculturelles sur le fait de jurer et la politesse

Jurer et les normes qui l'entourent varient considérablement d'une culture à l'autre. Ce qui est considéré comme offensant ou inapproprié dans une culture peut être acceptable ou même courant dans une autre. Comprendre ces différences est crucial pour naviguer dans les interactions sociales dans un monde globalisé et favoriser le respect interculturel.

1. Cultures occidentales: - Dans de nombreuses cultures occidentales, jurer est généralement perçu comme impoli et non professionnel, en particulier dans les contextes formels. Cependant, le contexte joue un rôle significatif dans la détermination de l'acceptabilité. Par exemple, jurer entre amis dans un cadre informel peut être vu comme une forme de camaraderie et de rapprochement. Néanmoins, un jurement excessif ou agressif est souvent mal vu et peut être perçu comme un signe de mauvaises manières ou de manque de maîtrise de soi.

2. Cultures orientales: - Les cultures orientales, comme celles du Japon et de la Chine, accordent une grande importance à l'harmonie et au respect dans les interactions sociales. Le langage poli et formel est mis en avant, et jurer est généralement considéré comme très inapproprié. Dans ces cultures, maintenir la face et éviter les confrontations sont primordiaux, et jurer peut être perçu comme une menace directe à ces valeurs.

3. Cultures du Moyen-Orient: - Dans de nombreuses cultures du Moyen-Orient, l'honneur et le respect sont des valeurs sociétales profondément ancrées. Jurer est souvent considéré comme une grave atteinte à l'honneur personnel et familial. L'utilisation d'un langage offensant peut entraîner des répercussions sociales importantes, et la politesse dans le discours est fortement encouragée.

4. Cultures autochtones: - Les cultures autochtones à travers le monde ont des perspectives diverses sur le langage et le respect. De nombreuses langues autochtones ont des vocabulaires riches pour exprimer le respect et l'harmonie sociale. Jurer, s'il est présent, est souvent spécifique au contexte et lié aux pratiques et normes culturelles. Comprendre le contexte culturel est crucial pour interpréter l'appropriation de l'utilisation du langage dans ces communautés.

5. Cultures africaines: - Les cultures africaines sont diverses, avec des attitudes variées envers le fait de jurer. Dans certaines cultures, jurer peut être utilisé dans des contextes rituels ou comme partie d'expressions traditionnelles. Cependant, dans de nombreuses communautés, le respect des aînés et l'harmonie communautaire sont mis en avant, rendant important le langage poli pour maintenir l'ordre social.

L'importance du contexte

À travers les cultures, le contexte dans lequel le langage est utilisé influence significativement son interprétation. Des facteurs tels que la relation entre les interlocuteurs, le cadre et l'intention derrière les mots jouent tous un rôle dans la détermination de l'acceptabilité de jurer. Comprendre ces nuances est essentiel pour une communication efficace et pour favoriser le respect dans les interactions interculturelles.

1. Dynamiques relationnelles: - La nature de la relation entre les interlocuteurs peut dicter l'acceptabilité de jurer. Parmi les amis proches ou les pairs, jurer peut être plus toléré et vu comme un signe d'intimité. En revanche, dans les relations hiérarchiques, telles que celles entre employeur et employé ou enseignant et élève, jurer est généralement jugé inapproprié.

2. Contextes formels vs informels: - Le cadre influence également l'utilisation du langage. Les contextes formels, tels que les lieux de travail, les écoles et les institutions publiques, ont souvent des normes plus strictes concernant le langage poli. Les contextes informels, tels que les rassemblements sociaux et les conversations décontractées, peuvent permettre un langage plus relâché, y compris des jurons occasionnels.

3. Intention et ton: - L'intention derrière les mots et le ton de leur livraison sont cruciaux dans l'interprétation du langage. Jurer utilisé en plaisanterie ou comme forme d'expression parmi des amis peut être perçu différemment de jurer utilisé en colère ou comme insulte. Comprendre l'intention de l'interlocuteur et le contexte aide à évaluer précisément l'appropriation de l'utilisation du langage.

En fait, le langage joue un rôle vital dans le maintien de l'harmonie sociale en facilitant une communication respectueuse et claire. Les perspectives interculturelles sur le fait de jurer et la politesse mettent en lumière la diversité des normes linguistiques et l'importance du contexte dans l'interprétation de l'utilisation du langage. En comprenant et en respectant ces différences culturelles, nous pouvons favoriser des interactions plus harmonieuses et inclusives dans un monde de plus en plus interconnecté. Éviter de jurer et utiliser un langage poli ne sont pas seulement des questions d'étiquette, mais sont fondamentaux pour promouvoir le respect mutuel et la cohésion sociale.

Notes:

Chapitre 2: Le pouvoir des mots dans la formation de la réalité

1.Le pouvoir créatif du langage

Comment les mots façonnent les pensées et les actions

Le langage est une force puissante qui façonne notre réalité. Les mots que nous choisissons reflètent non seulement nos pensées mais influencent également nos perceptions et nos actions. Ce phénomène est ancré dans le concept de relativité linguistique, qui suggère que la structure et le vocabulaire de notre langue façonnent notre vision du monde et nos processus cognitifs.

1. Le langage comme cadre de compréhension : - Le langage fournit le cadre à travers lequel nous interprétons et comprenons nos expériences. Le vocabulaire et la grammaire que nous utilisons peuvent façonner la manière dont nous catégorisons et priorisons l'information. Par exemple, les langues qui ont plusieurs mots pour différentes nuances d'une couleur peuvent améliorer la capacité des locuteurs à percevoir et différencier ces nuances.

2. Influence sur les schémas de pensée : - Les mots que nous utilisons peuvent orienter notre focus et façonner nos schémas de pensée. Un langage positif et constructif encourage l'optimisme et un comportement proactif, tandis qu'un langage négatif et destructeur peut favoriser le pessimisme et la passivité. Par exemple, encadrer un défi comme une "opportunité" plutôt qu'un "problème" peut mener à une mentalité plus orientée vers la solution.

3. Conséquences comportementales : - Le langage influence non seulement nos pensées mais aussi nos actions. Un langage affirmatif et valorisant peut renforcer la confiance et la motivation, conduisant à des actions plus efficaces et à de meilleurs résultats. À l'inverse, un langage négatif peut diminuer l'auto-efficacité et entraver la performance. Se dire "Je peux le faire" par opposition à "Je n'y arriverai jamais" peut faire une différence significative dans la performance réelle.

4. Interactions sociales : - Les mots que nous utilisons dans les interactions sociales peuvent façonner nos relations et dynamiques sociales. Un langage poli et respectueux favorise des interactions positives et construit des relations solides, tandis qu'un langage dur et offensant peut créer des conflits et des distances. La manière dont nous communiquons peut soit combler soit élargir les écarts entre les individus.

Les effets psychologiques du langage négatif

Le langage négatif, y compris jurer, peut avoir des effets psychologiques profonds, impactant à la fois le locuteur et l'auditeur. L'utilisation habituelle du langage négatif peut façonner notre paysage mental, influençant nos émotions, nos comportements et notre santé mentale globale.

1. Stress et anxiété: - Le langage négatif peut contribuer à des niveaux élevés de stress et d'anxiété. Lorsque nous utilisons des mots qui véhiculent la défaite, la peur ou l'hostilité, nous renforçons ces émotions négatives en nous-mêmes. Cela peut déclencher une réponse au stress, entraînant des symptômes physiques tels que l'augmentation du rythme cardiaque et la tension musculaire, ainsi que des symptômes psychologiques comme l'inquiétude et la nervosité.

2. Dépression et faible estime de soi: - L'autosuggestion négative persistante, y compris jurer dirigé contre soi-même, peut conduire à la dépression et à une faible estime de soi. Se dire de manière répétée qu'on est "inutile" ou "stupide" peut éroder la confiance en soi et créer une image de soi négative. Ce discours intérieur peut devenir une prophétie autoréalisatrice, où les individus croient qu'ils sont incapables d'atteindre leurs objectifs.

3. Agression et hostilité: - Le langage négatif peut alimenter l'agression et l'hostilité. Jurer et d'autres formes de langage agressif peuvent augmenter les sentiments de colère et de frustration, rendant les individus plus susceptibles de s'en prendre aux autres. Cela peut conduire à un cycle d'agression, où les interactions négatives perpétuent un comportement négatif supplémentaire.

4. Impact sur les relations:- L'utilisation de langage négatif peut mettre à rude épreuve les relations. Les mots durs peuvent blesser les autres et créer une distance émotionnelle, entraînant des conflits et des malentendus. Avec le temps, cela peut endommager la confiance et l'intimité, rendant difficile le maintien de relations saines et de soutien.

5. Distorsions cognitives:- Le langage négatif peut contribuer à des distorsions cognitives, où les individus perçoivent la réalité de manière biaisée. Des phrases comme "j'échoue toujours" ou "rien ne va jamais" reflètent une pensée tout ou rien et des généralisations excessives. Ces schémas de pensée déformés peuvent empêcher les individus de voir les aspects positifs de leur vie et les opportunités de changement.

Stratégies pour cultiver un langage positif

Pour exploiter le pouvoir créatif du langage et atténuer les effets psychologiques du langage négatif, il est essentiel de cultiver une habitude de discours positif et constructif. Voici quelques stratégies pour y parvenir :

1. Affirmations positives: - Utilisez régulièrement des affirmations positives pour renforcer une image de soi saine et renforcer la confiance. Des affirmations comme "Je suis capable", "Je mérite l'amour et le respect" et "Je peux surmonter les défis" peuvent transformer votre discours intérieur et promouvoir un état d'esprit positif.

2. Discours réfléchi: - Soyez conscient des mots que vous utilisez, en particulier dans les moments de frustration ou de colère. Au lieu de jurer ou d'utiliser un langage négatif, essayez d'articuler vos émotions de manière constructive. Par exemple, exprimez vos sentiments en disant "Je me sens vraiment frustré en ce moment" plutôt que de recourir à des mots durs.

3. Recadrer les pensées négatives:- Pratiquez le recadrage des pensées négatives en pensées positives. Lorsque vous vous surprenez à penser négativement, défiez la pensée et recadrez-la sous un jour plus positif. Par exemple, changez "Je ne peux pas faire ça" en "Je travaille à améliorer cette compétence."

4. Pratique de la gratitude:- Cultivez l'habitude d'exprimer de la gratitude. Reconnaître et verbaliser régulièrement les aspects positifs de votre vie peut déplacer votre focus de la négativité vers la positivité. Cette pratique peut améliorer le bien-être général et favoriser une perspective plus optimiste.

5. Chercher du soutien: - Si l'autosuggestion négative et le fait de jurer sont des problèmes persistants, envisagez de chercher du soutien auprès d'un thérapeute ou d'un conseiller. Une orientation professionnelle peut vous aider à développer des mécanismes d'adaptation plus sains et à améliorer votre santé mentale.

Le pouvoir des mots dans la formation de la réalité est immense. Le langage influence nos pensées, nos actions et nos interactions, jouant un rôle crucial dans la formation de notre bien-être mental et émotionnel. Le langage négatif, y compris jurer, peut avoir des effets psychologiques néfastes, renforçant les émotions et les comportements négatifs. En adoptant un langage positif et constructif, nous pouvons créer un discours intérieur plus valorisant, favoriser des relations plus saines et améliorer notre qualité de vie globale.

2. Discours positif vs négatif

Études de cas sur l'impact du renforcement positif

Le renforcement positif est un outil puissant pour façonner le comportement et favoriser une mentalité positive. De nombreuses études et exemples de la vie réelle illustrent l'impact profond que le discours positif peut avoir sur les individus et les groupes.

1. Milieux éducatifs:

- **Étude de cas: L'effet Pygmalion:** - Dans les années 1960, les psychologues Robert Rosenthal et Lenore Jacobson ont mené une étude dans une école élémentaire de Californie pour examiner les effets des attentes des enseignants sur la performance des élèves. Ils ont informé les enseignants que certains élèves (sélectionnés au hasard) étaient censés montrer une amélioration académique significative. Ces élèves, recevant plus de renforcement positif et d'encouragements de la part de leurs enseignants, ont effectivement montré une amélioration marquée par rapport à leurs pairs. Ce phénomène, connu sous le nom d'effet Pygmalion, démontre comment les attentes positives et le renforcement peuvent améliorer la performance et l'estime de soi dans les milieux éducatifs.

2. Environnements de travail:

- **Étude de cas: Motivation des employés:**

- Une grande entreprise a mis en œuvre un programme de renforcement positif pour augmenter le moral et la productivité des employés. Les gestionnaires ont été formés pour fournir régulièrement des retours positifs et spécifiques aux employés. Sur une période de six mois, l'entreprise a observé une augmentation de 20 % de la productivité et une réduction significative du turnover des employés. Les employés ont déclaré se sentir plus valorisés et motivés, illustrant comment le discours positif et le renforcement peuvent améliorer la performance au travail et la satisfaction professionnelle.

3. Contextes thérapeutiques:

- **Étude de cas: Thérapie cognitivo-comportementale (TCC) :**

- La TCC est une approche thérapeutique largement utilisée qui met l'accent sur le pouvoir du renforcement positif et du langage constructif. Les clients sont enseignés à identifier et à remettre en question les schémas de pensée négatifs, en les remplaçant par des affirmations positives et un discours intérieur constructif. De nombreuses études ont montré que la TCC est efficace pour traiter l'anxiété, la dépression et d'autres problèmes de santé mentale. Par exemple, une méta-analyse des études sur la TCC a révélé que les individus qui pratiquaient le discours positif et recevaient du renforcement positif de la part des thérapeutes ont constaté des réductions significatives des symptômes et une amélioration du bien-être général.

4. Athlétisme et coaching:

- Étude de cas: Positive Coaching Alliance (PCA):

- La PCA promeut le renforcement positif dans les sports pour jeunes afin d'améliorer les performances athlétiques et le développement personnel. Les entraîneurs sont formés pour fournir des retours positifs et spécifiques et encourager les jeunes athlètes. La recherche menée par la PCA montre que les équipes avec un climat de coaching positif ont des niveaux d'engagement, de satisfaction et de performance des athlètes plus élevés. Les athlètes rapportent se sentir plus confiants et motivés, démontrant l'efficacité du renforcement positif dans le sport.

La nature destructrice du discours nuisible

Alors que le renforcement positif peut élever et motiver, le discours nuisible peut avoir des effets tout aussi puissants, mais néfastes. Le langage négatif peut endommager les relations, entraver la croissance personnelle et contribuer à un environnement toxique.

1. Dynamiques familiales :

- Étude de cas: L'impact des critiques parentales

- La recherche a montré que les enfants qui grandissent dans des environnements où ils sont fréquemment soumis à des critiques sévères et à un langage négatif de la part des parents sont plus susceptibles de développer une faible estime de soi, de l'anxiété et de la dépression. Une étude longitudinale suivant des enfants de l'enfance à l'âge adulte a révélé que ceux qui ont vécu des interactions verbales négatives avec leurs parents avaient une incidence plus élevée de problèmes de santé mentale et des difficultés avec l'estime de soi et les relations interpersonnelles. Cela souligne l'impact destructeur à long terme du discours nuisible au sein des familles.

2. Intimidation à l'école :

- Étude de cas: Intimidation verbale et ses effets :

- L'intimidation verbale, caractérisée par les insultes, les moqueries et le langage dérogatoire, a des conséquences graves pour les victimes. Les études ont montré que les enfants et les adolescents qui sont soumis à l'intimidation verbale sont plus à risque de développer une dépression, de l'anxiété et des idées suicidaires. Par exemple, une étude publiée dans le journal *JAMA Pediatrics* a révélé que les victimes d'intimidation verbale présentaient des niveaux plus élevés de détresse psychologique et des performances académiques inférieures par rapport à leurs pairs non intimidés. Cela met en évidence les effets pernicieux et destructeurs du discours nuisible dans les milieux éducatifs.

3. Harcèlement en milieu de travail :

- Étude de cas: Les conséquences d'un environnement de travail toxique:

- Dans les milieux de travail où le langage négatif et le harcèlement sont prévalents, les employés ressentent souvent une satisfaction professionnelle diminuée, des niveaux de stress plus élevés et un absentéisme accru. Une étude publiée dans le *Journal of Applied Psychology* a examiné les effets de la supervision abusive sur les employés. Elle a révélé que les employés fréquemment soumis à un langage négatif et à des abus verbaux de la part des superviseurs rapportaient une satisfaction professionnelle plus faible, un stress plus élevé et une intention accrue de quitter l'organisation. Cela démontre comment le discours nuisible peut créer un environnement de travail toxique et nuire au bien-être et à la productivité des employés.

4. Réseaux sociaux et cyberintimidation :

- Étude de cas: L'impact du harcèlement en ligne :

- La montée des réseaux sociaux a conduit à une augmentation de la cyberintimidation, où les individus sont soumis à des discours nuisibles et à des commentaires négatifs en ligne. La recherche a montré que les victimes de cyberintimidation ressentent une détresse émotionnelle significative, y compris des sentiments d'isolement, de dépression et d'anxiété. Par exemple, une étude menée par le Pew Research Center a révélé que 41 % des Américains ont été victimes de harcèlement en ligne, beaucoup signalant des effets émotionnels et psychologiques sévères. Cela met en évidence la nature destructrice du discours nuisible dans les interactions numériques.

L'impact du langage sur nos vies ne peut être sous-estimé. Le discours positif et le renforcement peuvent élever, motiver et favoriser un sentiment de bien-être et de réussite. À l'inverse, le discours nuisible peut endommager l'estime de soi, créer des environnements toxiques et avoir des effets négatifs durables sur la santé mentale. En comprenant et en utilisant le pouvoir des mots, nous pouvons créer un monde plus positif et de soutien pour nous-mêmes et ceux qui nous entourent.

3. Le rôle du langage dans les dynamiques sociales

Influence du langage sur le comportement de groupe

Le langage est un outil fondamental qui façonne le comportement de groupe et les dynamiques sociales. Il agit comme un médium à travers lequel les individus communiquent, partagent des idées et établissent des normes sociales. Les mots que nous utilisons peuvent influencer la cohésion du groupe, la collaboration et l'harmonie sociale globale.

1. Établir des normes sociales: - Le langage joue un rôle crucial dans l'établissement et le renforcement des normes sociales. La manière dont nous parlons et les mots que nous choisissons peuvent signaler ce qui est un comportement acceptable au sein d'un groupe. Par exemple, un langage positif et respectueux peut favoriser un environnement de respect mutuel et de coopération, tandis qu'un langage négatif et dérogatoire peut créer une culture d'hostilité et de division.

2. Favoriser l'identité de groupe: - Un langage partagé et un jargon peuvent aider à créer un sentiment d'appartenance et d'identité de groupe. Les groupes développent souvent leurs propres manières uniques de parler, qui peuvent inclure des phrases spécifiques, de l'argot ou des idiomes. Ce langage partagé renforce la cohésion du groupe et aide les membres à se sentir connectés les uns aux autres.

3. Encourager la collaboration: - Un langage positif et inclusif encourage la collaboration et le travail d'équipe. Lorsque les membres du groupe utilisent un langage qui reconnaît et valorise les contributions de chacun, cela favorise une atmosphère de collaboration. À l'inverse, un langage dédaigneux ou négatif peut entraver la coopération et créer un environnement de compétition et de méfiance.

4. Résolution des conflits:- Le langage utilisé pendant les conflits peut avoir un impact significatif sur l'issue de ceux-ci. Un langage constructif et orienté vers la solution peut faciliter la résolution efficace des conflits, tandis qu'un langage agressif ou accusateur peut exacerber les tensions. Des compétences de communication efficaces, telles que l'écoute active et l'empathie, sont essentielles pour résoudre les conflits et maintenir l'harmonie du groupe.

5. Influence sur le comportement de groupe: - Les leaders et les membres influents du groupe fixent souvent le ton de l'utilisation du langage au sein du groupe. Leur choix de mots peut influencer le comportement et les attitudes des autres. Le renforcement positif et un langage encourageant de la part des leaders peuvent motiver les membres du groupe et promouvoir un comportement positif, tandis qu'un langage négatif peut conduire à la démotivation et au désengagement.

Jurer comme forme d'agression et ses consequences

Jurer, souvent caractérisé par l'utilisation d'un langage profane ou vulgaire, est fréquemment employé comme une forme d'agression verbale. Son utilisation peut avoir des conséquences significatives sur les dynamiques sociales, impactant à la fois les individus impliqués et l'environnement du groupe au sens large.

1. Expression de l'hostilité: - Jurer est souvent utilisé pour exprimer l'hostilité, la colère ou la frustration. Cela peut servir d'exutoire pour les émotions négatives, permettant aux individus de ventiler leurs sentiments. Cependant, cette expression d'agression peut nuire aux relations et créer une atmosphère de tension et de conflit. Les jurons dirigés contre les autres peuvent être perçus comme une attaque personnelle, conduisant à des réactions défensives et à l'escalade des disputes.

2. Érosion de la confiance:- L'utilisation d'un langage agressif, y compris jurer, peut éroder la confiance au sein d'un groupe. La confiance est essentielle pour un travail d'équipe et une collaboration efficaces. Lorsque les membres du groupe utilisent un langage hostile, cela mine le sentiment de sécurité et de respect mutuel, rendant difficile pour les individus de se faire confiance. Cette érosion de la confiance peut entraver la communication ouverte et la coopération.

3. Impact sur le moral du groupe: - Jurer et utiliser un langage agressif peuvent avoir un impact négatif sur le moral du groupe. Cela peut créer un environnement toxique où les membres se sentent méprisés et dévalorisés. Un faible moral peut entraîner une diminution de la motivation, de la productivité et de l'engagement. Dans les cas extrêmes, cela peut entraîner des taux de rotation plus élevés, les individus cherchant à échapper à l'atmosphère négative.

4. Exclusion sociale: - L'utilisation de jurons et de langage agressif peut entraîner l'exclusion sociale et la marginalisation. Les membres du groupe qui utilisent fréquemment ce langage peuvent être perçus comme perturbateurs ou hostiles, conduisant les autres à se distancer. Cela peut entraîner l'isolement social des individus concernés et une dynamique de groupe fragmentée.

5. Normalisation de l'agression: - Lorsque jurer et utiliser un langage agressif deviennent normalisés au sein d'un groupe, cela peut perpétuer un cycle d'agression. Les nouveaux membres peuvent adopter ces comportements, les considérant comme acceptables ou même nécessaires pour l'intégration. Cette normalisation peut renforcer des dynamiques sociales négatives et rendre difficile l'établissement d'un environnement plus positif et respectueux.

Stratégies pour promouvoir l'utilisation d'un langage positif

Pour atténuer l'impact négatif des jurons et du langage agressif sur les dynamiques sociales, il est essentiel de promouvoir l'utilisation d'un langage positif au sein des groupes. Voici quelques stratégies pour y parvenir :

1. Établir des attentes claires: - Établir des directives claires pour l'utilisation du langage au sein du groupe. Encourager une communication respectueuse et constructive et décourager l'utilisation d'un langage agressif ou profane. Des attentes claires aident à fixer le ton pour un comportement acceptable.

2. Modéliser un comportement positif:- Les leaders et les membres influents du groupe doivent modéliser l'utilisation d'un langage positif. En démontrant une communication respectueuse et encourageante, ils donnent l'exemple à suivre pour les autres. Le renforcement positif des bons comportements peut aider à orienter la culture du groupe vers un environnement plus positif.

3. Encourager le dialogue ouvert:- Créer un environnement où le dialogue ouvert est encouragé et où les individus se sentent en sécurité pour exprimer leurs sentiments et préoccupations. L'écoute active et l'empathie sont des composants clés de la communication efficace. Lorsque les membres du groupe se sentent écoutés et valorisés, cela réduit la probabilité d'agression et de conflit.

4. Fournir une formation à la résolution des conflits:- Équiper les membres du groupe avec des compétences de résolution des conflits, telles que l'écoute active, l'empathie et les retours constructifs. Une formation dans ces domaines peut aider les individus à naviguer dans les désaccords et à résoudre les conflits sans recourir à un langage agressif.

5. Reconnaître et traiter l'agression: - Reconnaître les instances de langage agressif et les traiter rapidement. Fournir des retours et des orientations sur la manière d'exprimer les émotions de manière constructive. Reconnaître et traiter l'agression aide à prévenir sa normalisation et à promouvoir une culture de respect.

Le langage joue un rôle crucial dans la formation des dynamiques sociales et l'influence du comportement de groupe. Un langage positif et respectueux favorise la confiance, la collaboration et l'harmonie sociale, tandis que jurer et utiliser un langage agressif peuvent conduire à l'hostilité, à l'érosion de la confiance et à un environnement toxique. En promouvant l'utilisation d'un langage positif et en traitant les comportements négatifs, nous pouvons créer des groupes plus cohésifs et solidaires, améliorant le bien-être social global.

Notes:

Chapitre 3:   Enseignements bibliques sur le langage

Perspectives de l'Ancien Testament

L'Ancien Testament, un texte fondateur pour le judaïsme et le christianisme, offre des perspectives profondes sur le pouvoir et la responsabilité du langage. Il met en évidence l'importance d'utiliser les mots avec sagesse, reflétant une compréhension profonde de l'impact que le langage peut avoir sur les individus et les communautés. Plusieurs écritures clés abordent l'utilisation du langage, offrant des conseils et une sagesse qui restent pertinents aujourd'hui.

Écritures clés traitant de l'utilisation du langage

1. Exode 20:7 (LSG): "Tu ne prendras point le nom de l'Éternel, ton Dieu, en vain ; car l'Éternel ne laissera point impuni celui qui prendra son nom en vain."

- Ce commandement, l'un des Dix Commandements donnés à Moïse sur le mont Sinaï, souligne la sainteté du nom de Dieu et l'importance de la révérence dans le discours. Il interdit d'utiliser le nom de Dieu en vain, ce qui inclut le fait de jurer et l'utilisation frivole ou irrespectueuse du nom divin. Cette directive met en lumière le principe plus large de respecter les entités sacrées à travers nos paroles.

2. Proverbes 18:21 (LSG): "La mort et la vie sont au pouvoir de la langue; quiconque l'aime en mangera les fruits."

- Ce proverbe capture éloquemment l'immense pouvoir du langage. Il enseigne que les mots peuvent soit nourrir et élever (le pouvoir de la vie) soit nuire et détruire (le pouvoir de la mort). La métaphore de manger les fruits implique que les individus feront l'expérience des conséquences de leur discours, qu'elles soient positives ou négatives. Ce verset encourage une utilisation réfléchie et constructive du langage.

3. Proverbes 15:1 (LSG) : "Une réponse douce calme la fureur, mais une parole dure excite la colère."

- Ce verset met en évidence l'impact du ton et du choix des mots dans la communication. Des mots doux et gentils peuvent désamorcer la tension et prévenir les conflits, tandis qu'un langage dur et agressif peut aggraver les situations et provoquer la colère. La sagesse ici réside dans la promotion d'interactions pacifiques et respectueuses à travers un discours prudent.

4. Ecclésiaste 5:2 (LSG): "Ne te presse pas d'ouvrir la bouche, et que ton cœur ne se hâte pas d'exprimer une parole devant Dieu ; car Dieu est au ciel et toi sur la terre : que tes paroles soient donc peu nombreuses."

- Ce passage conseille la prudence et la réflexion dans le discours, particulièrement en ce qui concerne les affaires divines. Il souligne l'importance de l'humilité et de la révérence, rappelant aux individus leur place par rapport au divin. Le conseil de "laisser peu de paroles" prône un discours mesuré et réfléchi.

Analyse du contexte historique et interprétation

Comprendre le contexte historique de ces écritures offre un aperçu plus profond de leur signification et de leur application.

1. Exode 20:7:

- Dans le contexte du Proche-Orient ancien, les noms avaient une signification profonde, souvent incarnant l'essence et le caractère de l'individu ou de la divinité. Abuser du nom de Dieu n'était pas simplement une offense verbale mais une transgression sérieuse qui manquait de respect à la nature divine et à l'autorité. Ce commandement renforçait l'importance de la révérence et de l'intégrité dans le discours, établissant une norme pour honorer Dieu à travers le langage.

2. Proverbes 18:21 et Proverbes 15:1:

- Le Livre des Proverbes, attribué au roi Salomon, est une collection de dictons et d'enseignements destinés à transmettre une sagesse pratique et morale. Ces proverbes reflètent les valeurs et les normes sociales de la société israélite ancienne, où la communication orale jouait un rôle crucial dans la vie quotidienne. L'accent mi sur le pouvoir des mots et la promotion d'un langage doux visait à cultiver une communauté caractérisée par l'harmonie, le respect et des interactions constructives.

3. Ecclésiaste 5:2:

- L'Ecclésiaste, traditionnellement attribué au roi Salomon, explore des thèmes de signification, de but et de condition humaine. Le conseil de faire preuve de prudence dans les paroles reflète une perspective philosophique plus large sur les limites de la compréhension humaine et l'importance de l'humilité devant Dieu. À une époque où la communication orale et écrite était centrale dans la vie religieuse et communautaire, ce conseil encourageait un discours réfléchi et respectueux.

Applications pratiques des enseignements de l'Ancien Testament sur le langage

La sagesse intemporelle de ces écritures de l'Ancien Testament offre des conseils précieux pour la vie moderne. Voici quelques applications pratiques:

1. Révérence dans le discours: - Respectez le principe de la révérence dans le discours en évitant l'utilisation frivole ou irrespectueuse des noms et concepts sacrés. Cela peut s'étendre au respect des croyances et des pratiques religieuses dans toutes les interactions.

2. Langage réfléchi et constructif: - Adoptez le pouvoir du langage pour construire et nourrir. Choisissez des mots qui élèvent, encouragent et favorisent des relations positives. Soyez conscient de l'impact de vos mots sur les autres et efforcez-vous de communiquer avec gentillesse et empathie.

3. Résolution des conflits: - Appliquez la sagesse d'un langage doux dans la résolution des conflits. Utilisez un langage calme et respectueux pour désamorcer les tensions et résoudre les désaccords. Évitez les mots durs et agressifs qui peuvent aggraver les conflits.

4. Communication réfléchie:- Pratiquez une communication réfléchie et mesurée. Réfléchissez aux implications de vos mots avant de parler, particulièrement dans les affaires sensibles ou importantes. Efforcez-vous de la clarté, de l'honnêteté et du respect dans toutes les formes de communication.

L'Ancien Testament offre des enseignements profonds sur l'utilisation responsable et respectueuse du langage. Ces écritures mettent en évidence le pouvoir des mots pour influencer les pensées, les actions et les relations, exhortant les individus à parler avec révérence, réflexion et gentillesse. En appliquant ces principes intemporels, nous pouvons améliorer notre communication, construire des relations plus solides et contribuer à une société plus harmonieuse.

Enseignements bibliques sur le langage

Perspectives du Nouveau Testament

Le Nouveau Testament, en s'appuyant sur les bases posées dans l'Ancien Testament, offre des enseignements profonds sur le pouvoir et la responsabilité du langage. Les enseignements de Jésus et des Apôtres soulignent l'importance d'utiliser le langage de manière à refléter l'amour, la vérité et l'intégrité. Ces enseignements fournissent un guide clair pour un discours responsable et mettent en lumière les implications théologiques de nos paroles.

Enseignements de Jésus et des Apôtres sur le langage

1. Matthieu 5:34-37 (LSG): "Mais moi, je vous dis de ne pas jurer du tout, ni par le ciel, parce que c'est le trône de Dieu, ni par la terre, parce que c'est son marchepied, ni par Jérusalem, parce que c'est la ville du grand roi. Ne jure pas non plus par ta tête, car tu ne

peux rendre blanc ou noir un seul cheveu. Que votre parole soit oui, oui, non, non; ce qu'on y ajoute vient du malin."

- Dans le Sermon sur la montagne, Jésus enseigne l'intégrité du langage. Il instruit ses disciples à éviter de faire des serments et à parler simplement et honnêtement. Ce passage souligne l'importance de l'honnêteté et de la franchise dans la communication. Jésus insiste sur le fait que nos paroles doivent être fiables sans avoir besoin d'affirmations supplémentaires ou de serments.

2. Éphésiens 4:29 (LSG): "Qu'il ne sorte de votre bouche aucune parole mauvaise, mais seulement des paroles qui soient bonnes, propres à édifier et à communiquer une grâce à ceux qui l'entendent."

- L'Apôtre Paul, écrivant à l'église d'Éphèse, instruit les croyants à utiliser leurs paroles de manière constructive. Il met en garde contre les discours malsains—un langage qui est nuisible, vulgaire ou destructeur—et encourage un langage qui édifie et bénéficie aux autres. Cet enseignement souligne la responsabilité d'utiliser des mots qui favorisent la croissance, l'encouragement et les relations positives.

3. Jacques 3:9-10 (LSG) : "Par elle, nous bénissons le Seigneur notre Père, et par elle nous maudissons les hommes faits à l'image de Dieu. De la même bouche sortent la bénédiction et la malédiction. Il ne faut pas, mes frères, qu'il en soit ainsi."

- Jacques, le frère de Jésus, aborde l'incohérence d'utiliser la même langue pour bénir et maudire. Il souligne que le discours doit refléter la dignité de Dieu et des êtres humains, qui sont faits à l'image de Dieu. Ce passage appelle à la cohérence et à l'intégrité dans la façon dont nous utilisons nos paroles, alignant notre discours avec notre foi et nos valeurs.

Implications théologiques de l'utilisation responsable du langage

Les enseignements du Nouveau Testament sur le langage portent des implications théologiques significatives. Ils soulignent les dimensions spirituelles et morales de notre discours, appelant les croyants à un standard plus élevé de communication qui reflète leur foi et le caractère de Dieu.

1. Refléter le caractère de Dieu:- En tant que disciples du Christ, les croyants sont appelés à refléter le caractère de Dieu dans tous les aspects de leur vie, y compris leur discours. Dieu est décrit comme un Dieu de vérité, d'amour et de sainteté. Par conséquent, l'utilisation responsable du langage implique de parler avec vérité, amour et pureté. Lorsque les croyants utilisent leurs paroles pour édifier, encourager et dire la vérité, ils reflètent la nature de Dieu et témoignent de sa bonté.

2. Intégrité et authenticité:- Les enseignements de Jésus et des Apôtres mettent l'accent sur l'importance de l'intégrité et de l'authenticité dans le discours. L'instruction de Jésus à laisser le "oui" être "oui" et le "non" être "non" appelle à l'honnêteté et à la franchise, évitant la tromperie ou la manipulation. Une communication authentique favorise la confiance et la fiabilité, essentielles pour des relations saines et une vie communautaire.

3. Édification et encouragement: - L'exhortation de Paul à utiliser des mots qui édifient les autres souligne le rôle du discours dans l'édification. Les croyants sont encouragés à parler de manière à renforcer et soutenir les autres, répondant à leurs besoins et contribuant à leur croissance. Cela s'aligne avec le principe biblique d'aimer son prochain et de chercher son bien-être à travers une communication positive et constructive.

4. Témoignage et témoignage:- La manière dont les croyants utilisent le langage sert de témoignage à leur foi. Un discours marqué par la gentillesse, la vérité et l'encouragement peut attirer les autres à la foi chrétienne et illustrer le pouvoir transformateur de l'Évangile. À l'inverse, un discours nuisible ou malhonnête peut nuire au témoignage de l'Église et entraver sa mission.

5. Responsabilité et jugement: - Le Nouveau Testament enseigne également que les individus seront tenus responsables de leurs paroles. Jésus avertit que "toute parole inutile que les hommes auront dite, ils en rendront compte au jour du jugement" (Matthieu 12:36, LSG). Cela souligne le sérieux avec lequel Dieu considère notre discours et la nécessité d'une utilisation prudente et responsable du langage.

Applications pratiques des enseignements du Nouveau Testament sur le langage

Appliquer les enseignements du Nouveau Testament sur le langage implique une pratique intentionnelle et un engagement à aligner son discours avec les principes bibliques. Voici quelques étapes pratiques:

1. S'engager à l'honnêteté:- Faites un effort conscient pour parler honnêtement en toutes situations. Évitez les exagérations, les demi-vérités et la tromperie. Efforcez-vous de la transparence et de l'intégrité dans votre communication.

2. Parler avec gentillesse et respect:- Utilisez un langage qui reflète l'amour et le respect pour les autres. Évitez les mots durs, critiques ou méprisants. Pratiquez l'empathie et considérez l'impact de vos paroles sur les autres.

3. Encourager et édifier:- Cherchez des occasions d'encourager et d'édifier les autres à travers votre discours. Offrez des paroles d'affirmation, de soutien et de rétroaction constructive. Visez à être une source de positivité et d'encouragement dans vos interactions.

4. Pratiquer la maîtrise de soi:- Soyez conscient de vos paroles, surtout dans les moments de colère ou de frustration. Pratiquez la maîtrise de soi et choisissez de répondre avec un langage calmé et mesuré. Évitez le discours impulsif ou réactif qui peut nuire aux relations.

5. Réfléchir et prier: - Réfléchissez régulièrement à votre discours et cherchez la direction de Dieu pour utiliser vos paroles avec sagesse. Priez pour la sagesse et le discernement dans votre communication, demandant à Dieu de vous aider à parler de manière à l'honorer et à bénir les autres.

Le Nouveau Testament fournit des enseignements riches et profonds sur l'utilisation responsable du langage. Les paroles de Jésus et des Apôtres soulignent l'importance de la vérité, de l'amour et de l'intégrité dans notre discours. En appliquant ces enseignements, les croyants peuvent refléter le caractère de Dieu, construire des relations positives et témoigner de leur foi à travers leurs paroles.

Applications pratiques des enseignements bibliques

Les enseignements bibliques sur le langage offrent une sagesse intemporelle qui peut avoir un impact profond sur la vie moderne. En intégrant ces principes dans notre communication quotidienne, nous pouvons favoriser des relations plus saines, promouvoir la croissance personnelle et créer un environnement plus positif et respectueux. Voici des moyens pratiques d'appliquer ces enseignements et des exemples concrets de transformation grâce à un discours réfléchi.

Comment appliquer les principes bibliques à la vie moderne

1. S'engager à l'honnêteté et à l'intégrité: - Pratiquer une communication transparente: Efforcez-vous d'être honnête dans toutes vos interactions. Évitez les exagérations, les demi-vérités et la tromperie. Si vous faites une erreur, reconnaissez-la honnêtement.

 - Vérité constante: Que votre "Oui" soit "Oui" et votre "Non" soit "Non" (Matthieu 5:37). Soyez fiable et digne de confiance dans votre discours, assurant ainsi que les autres peuvent compter sur vos paroles.

2. Parler avec gentillesse et respect:- Utiliser un langage positif: Choisissez des mots qui élèvent et encouragent les autres. Évitez les paroles dures, critiques ou dénigrantes, même dans les moments de frustration.

- Pratiquer l'empathie: Avant de parler, réfléchissez à la manière dont vos mots affecteront les autres. Efforcez-vous d'être compatissant et compréhensif, en reflétant l'amour et le respect que Jésus a enseignés.

3. Encourager et édifier les autres: - Offrir des affirmations: Affirmez et appréciez régulièrement ceux qui vous entourent. Reconnaissez leurs forces et leurs contributions, les édifiant selon leurs besoins (Éphésiens 4:29).- Fournir des retours constructifs: Lorsque vous offrez des critiques, faites-le de manière constructive et visant à aider l'autre personne à grandir. Formulez vos retours de manière positive et encourageante.

4. Exercer la maîtrise de soi dans le discours:- Faire une pause avant de répondre: Lorsque vous vous sentez en colère ou frustré, prenez un moment pour rassembler vos pensées avant de parler. Cela aide à prévenir un langage impulsif ou réactif qui peut nuire aux relations.- Choisir des réponses pacifiques: En cas de conflit, visez à répondre avec des mots calmes et mesurés. Une réponse douce peut calmer la fureur, tandis que des mots durs peuvent aggraver les tensions (Proverbes 15:1).

5. Réfléchir et prier pour obtenir des conseils:-Réflexion régulière: Réfléchissez régulièrement à votre discours. Envisagez de tenir un journal pour suivre vos progrès dans l'utilisation d'un langage aligné sur les principes bibliques. -Rechercher l'aide divine: Priez pour la sagesse et le discernement dans votre communication. Demandez à Dieu de guider vos paroles et de vous aider à parler de manière à l'honorer et à bénir les autres.

Témoignages et exemples de transformation grâce à un discours réfléchi

1. Transformation personnelle: - L'histoire de Sarah: Sarah avait du mal à utiliser un langage dur lorsqu'elle était stressée. Après avoir étudié les enseignements bibliques sur le discours, elle s'est engagée à changer ses habitudes. Elle a commencé à pratiquer la pleine conscience, à faire une pause avant de parler et à prier pour la patience. Au fil du temps, Sarah a constaté une amélioration significative de ses relations à la maison et au travail. Ses paroles sont devenues plus positives et encourageantes, favorisant un environnement plus solidaire autour d'elle.

2. Dynamique familiale: - L'histoire de la famille Johnson: La famille Johnson faisait face à des conflits fréquents et à des malentendus dus à un discours négatif et impulsif. Ils ont décidé de mettre en place des réunions familiales hebdomadaires pour discuter de l'importance de la communication respectueuse. Ils ont pratiqué l'écoute active et utilisé des affirmations pour se renforcer mutuellement. En conséquence, l'atmosphère familiale est devenue plus paisible et aimante, avec moins de disputes et des conversations plus significatives.

Les jurons peuvent avoir un impact significatif sur les relations conjugales de plusieurs manières, conduisant souvent à des conséquences négatives. Les recherches indiquent que les jurons, en particulier lorsqu'ils sont utilisés pendant les conflits, peuvent intensifier les tensions et provoquer des dommages émotionnels.

Agression accrue: Les jurons servent souvent de forme d'agression verbale. Lorsque l'un des conjoints utilise des gros mots pendant une dispute, cela peut aggraver le conflit et mener à des échanges plus agressifs, ce qui nuit à la relation et rend la communication constructive difficile.

Érosion de la confiance et du respect : Les jurons fréquents peuvent éroder les éléments fondamentaux de la confiance et du respect dans un mariage. Cela peut amener le destinataire à se sentir méprisé et dévalorisé, conduisant à une distanciation émotionnelle et à une rupture du respect mutuel.

Détresse émotionnelle : Les jurons peuvent causer une détresse émotionnelle significative au conjoint qui en fait l'objet. Cela peut entraîner des sentiments de blessure, de colère et de ressentiment, qui peuvent s'accumuler au fil du temps et contribuer à un sentiment d'insécurité émotionnelle et de mécontentement dans la relation.

Impact négatif sur la communication: Une communication efficace est essentielle pour un mariage sain. Les jurons perturbent cette communication en introduisant de la négativité et de l'hostilité dans les conversations, rendant plus difficile la résolution des conflits et la compréhension des perspectives de chacun de manière constructive.

Cycle de représailles: Comme le note un article de Psychology Today, l'agression verbale conduit souvent à des comportements de représailles, créant un cycle de conflit et de défensive. Ce cycle continu peut empêcher les couples de résoudre les problèmes efficacement et de favoriser un environnement positif et de soutien.

Pour atténuer ces effets, il est crucial que les couples pratiquent une communication réfléchie, priorisent le respect et cherchent des moyens constructifs d'exprimer leurs émotions. Le conseil professionnel ou la thérapie peuvent également fournir des stratégies pour gérer la colère et améliorer les compétences en communication.

3. Environnement de travail: - L'histoire de Mark: Mark, un manager dans une grande entreprise, a réalisé que ses critiques sévères démotivaient son équipe. Inspiré par les principes bibliques d'encouragement et d'édification, il a commencé à fournir des renforcements positifs et des retours constructifs. L'équipe de Mark a remarqué le changement et a réagi avec une motivation et une productivité accrues. La culture du lieu de travail a évolué vers un respect mutuel et une collaboration.

4. Impact communautaire: - L'histoire de l'église Grace: L'église Grace a décidé de se concentrer sur la promotion d'un discours positif au sein de leur congrégation. Ils ont organisé des ateliers sur la communication biblique, en mettant l'accent sur la gentillesse, l'honnêteté et l'encouragement. Les membres ont partagé des témoignages sur la manière dont l'application de ces principes a transformé leurs relations et interactions personnelles. La communauté de l'église s'est rapprochée, devenant un modèle de communication aimante et respectueuse avec les autres.

5. Conduite sur les réseaux sociaux:- L'histoire de Daniel: Daniel était connu pour ses publications agressives et conflictuelles sur les réseaux sociaux. Après un sermon convaincant sur le pouvoir des mots, il a décidé de changer son comportement en ligne. Daniel a commencé à publier des messages encourageants, à partager des histoires positives et à s'engager dans des discussions respectueuses. Ses abonnés ont remarqué le changement, ce qui a conduit à des interactions plus constructives et édifiantes sur sa plateforme.

Les enseignements bibliques sur le langage offrent des conseils pratiques et transformateurs pour la vie moderne. En nous engageant à l'honnêteté, à la gentillesse, à l'encouragement, à la maîtrise de soi et à la réflexion, nous pouvons aligner notre discours sur les principes bibliques et expérimenter des changements positifs profonds dans nos relations et environnements. Ces exemples concrets démontrent le pouvoir d'un discours réfléchi pour favoriser la croissance personnelle, renforcer les communautés et refléter l'amour et la sagesse de Dieu dans nos interactions quotidiennes.

Notes:

Conclusion

Dans ce livre, nous avons exploré l'impact profond du langage, en nous concentrant sur les raisons d'éviter les jurons d'un point de vue universel et biblique. Les trois raisons principales sont :

1. Le principe universel de respect et de dignité :- Les jurons signifient souvent le manque de respect et sapent la dignité des autres et de soi-même. Ils affectent négativement les relations interpersonnelles en créant des barrières et en favorisant l'hostilité. Les perspectives historiques soulignent l'importance d'un langage poli pour maintenir l'harmonie sociale et le respect à travers les cultures.

2. Le pouvoir des mots dans la formation de la réalité:- Les mots sont incroyablement puissants pour façonner les pensées, les actions et les dynamiques sociales. Un langage positif peut élever et motiver, tandis qu'un langage négatif, y compris les jurons, peut entraîner des dommages psychologiques et des comportements destructeurs. Des études de cas ont montré les avantages du renforcement positif et les effets néfastes du discours nuisible.

3. Enseignements bibliques sur le langage: - Les deux Testaments, l'Ancien et le Nouveau, soulignent l'importance de l'utilisation responsable du langage. Les Écritures clés mettent en lumière le pouvoir des mots pour bénir ou maudire, promouvoir la vie ou la mort, et encourager l'intégrité et la véracité. Les enseignements de Jésus et des Apôtres appellent à un discours qui reflète l'amour, l'honnêteté et le respect, alignant nos paroles avec notre foi et nos valeurs.

Je vous encourage à réfléchir à votre langage et à son impact sur votre vie et celle de ceux qui vous entourent. Considérez les mots que vous utilisez quotidiennement et leur potentiel à construire ou à détruire. Efforcez-vous de:

- Parler avec honnêteté et intégrité, en vous assurant que vos paroles sont véridiques et fiables.

- Utiliser un langage qui élève et encourage, favorisant des relations positives et respectueuses.

- Pratiquer la maîtrise de soi dans le discours, surtout dans les moments de frustration ou de colère.

- Vous engager dans une réflexion régulière et la prière, en recherchant des conseils pour utiliser vos mots avec sagesse.

Il n'y a pas de guerre sans déclaration de guerre. Les mots sont une épée à double trenchant, certains les manient avec expertise, capables de blesser l'auditeur, ou même de nuire à la fois à l'orateur et à l'auditeur. Les mots sont à la fois créateurs et destructeurs, leur impact est façonné par l'intention et le choix de l'orateur. Imaginez qu'on vous dise que le prochain mot que vous prononcerez se réalisera immédiatement. Avec quelle prudence choisiriez-vous vos mots? Béniriez-vous ceux que vous aimez ou maudiriez-vous ceux que vous détestez? Même sans de telles garanties mystiques, il est certain que nos mots ne sont jamais perdus, car ils portent une énergie tangible. Cette énergie n'est pas libérée en vain; elle se manifestera finalement sous forme d'action ou de répercussion, pouvant même se retourner contre la personne qui l'a d'abord prononcée. Nos mots ont des effets de portée étendue, revenant souvent vers nous de manière inattendue.

Considérez les différentes énergies émises lors de différentes activités : manifestations, louanges, bénédictions, cris de victoire, expressions de joie, déclarations, murmures, appels de détresse, insultes, malédictions, serments. Ces mots se transforment en énergies qui s'assemblent et se séparent finalement en forces positives et négatives. Une fois triées, elles se manifestent dans leurs domaines respectifs, parfois visiblement et simultanément, comme un héros émergeant dans une crise.

Les énergies négatives accumulées en un an ou plus peuvent culminer en phénomènes naturels comme des ouragans, les scientifiques ignorant les causes spirituelles sous-jacentes aux inondations, érosions, ou autres catastrophes. Inversement, des mots positifs et des affirmations peuvent se transformer en énergie bénéfique, propulsant une personne vers des sommets de réussite inattendus. Il est évident que de nombreux présidents, célébrités riches et figures influentes ont été élevés par d'autres qui ont parlé de succès et de grandes réalisations dans leur vie. Rappelez-vous, aucun mot n'est perdu. Nous abritons tous à la fois des énergies positives et négatives en nous. Choisissez de parler pour le bien.

Le langage est un outil puissant qui peut façonner notre réalité et influencer le monde qui nous entoure. En choisissant nos mots avec soin, nous pouvons favoriser une culture de respect et de positivité. Lorsque nous parlons avec gentillesse, intégrité et amour, nous reflétons le meilleur de notre humanité et de notre foi. Le chemin vers un discours réfléchi et positif est continu, nécessitant des efforts intentionnels et de la réflexion. En poursuivant ce chemin, souvenez-vous des enseignements et des principes discutés dans ce livre. Qu'ils vous guident dans la création d'un environnement plus harmonieux et édifiant à travers vos paroles.

Dans un monde où le langage peut souvent être utilisé pour blesser et diviser, soyons les voix qui guérissent et unissent. En nous engageant à une communication positive et respectueuse, nous pouvons faire une différence significative dans nos vies personnelles, nos communautés et au-delà. Ensemble, nous pouvons cultiver une culture où les mots sont utilisés pour construire, encourager et répandre l'amour et le respect.

Notes:

Livres et Articles

- Anderson, Neil T. *Victory Over the Darkness: Realize the Power of Your Identity in Christ*. Regal Books, 1990.
- Bridges, Jerry. *Respectable Sins: Confronting the Sins We Tolerate*. NavPress, 2007.
- Brown, Penelope. *Politeness: Some Universals in Language Usage*. Cambridge University Press, 1987.
- Carson, D. A. *Jesus' Sermon on the Mount and His Confrontation with the World*. Global Christian Publishers, 1978.
- Fee, Gordon D., and Douglas Stuart. *How to Read the Bible for All Its Worth*. Zondervan, 2014.
- James, William. *The Principles of Psychology*. Henry Holt and Company, 1890.
- Pinker, Steven. *The Stuff of Thought: Language as a Window into Human Nature*. Penguin Books, 2007.
- Sacks, Harvey. *Lectures on Conversation*. Blackwell Publishing, 1992.
- The Holy Bible, New International Version. Biblica, 2011.

Sources en ligne

- Brown, Penelope and Stephen Levinson. "Politeness Theory." Wikipedia. Available at: https://en.wikipedia.org/wiki/Politeness_theory
- Cohen, Elliot D., Ph.D. "Can Screaming or Yelling Be Bad for Your Relationship?" Psychology Today. Posted August 17, 2015. Available at: https://www.psychologytoday.com/us/blog/what-would-aristotle-do/201508/can-screaming-or-yelling-be-bad-your-relationship
- Eldemire, April, LMFT. "Is Anger Affecting Your Marriage?" Psychology Today. Available at: https://www.psychologytoday.com/us/blog/anger-in-the-age-entitlement/201507/is-anger-affecting-your-marriage

- "The Bible on the Power of Words." Bible Study Tools. Available at: https://www.biblestudytools.com/topical-verses/bible-verses-about-words/
- Robbins, Tony. "The Power of Words." Tony Robbins. Available at: https://www.tonyrobbins.com/stories/unleash-the-power/the-power-of-words/
- "Why Swearing is Bad for You." Psychology Today. Available at: https://www.psychologytoday.com/us/blog/culture-conscious/201504/why-swearing-is-bad-you